CATALOGUE

DE

TABLEAUX

ANCIENS

DES DIFFÉRENTES ÉCOLES

Composant le Cabinet de Feu M. AUBERT DE TRUCY

PAR

HORSIN DÉON

PEINTRE, RESTAURATEUR HONORAIRE DES TABLEAUX DES MUSÉES IMPÉRIAUX
MEMBRE DE PLUSIEURS SOCIÉTÉS ARTISTIQUES ET SAVANTES

Rue Chabanais, n° 1

DONT LA VENTE AUX ENCHÈRES PUBLIQUES AURA LIEU

HOTEL DES COMMISSAIRES-PRISEURS

Rue Drouot, n° 5

SALLE N° 1

Le Mercredi 30 Avril 1862

A 1 HEURE TRÈS-PRÉCISE

Par le ministère de Me **PILLET**, Commissaire-Priseur,
rue de Choiseul, 11.

EXPOSITION PUBLIQUE

Le Mardi 29 Avril 1862, de une heure à cinq heures.

PARIS
RENOU & MAULDE
IMPRIMEURS DE LA COMPAGNIE DES COMMISSAIRES-PRISEURS
rue de Rivoli, 144

1862

CATALOGUE

DE

TABLEAUX

ANCIENS

DES DIFFÉRENTES ÉCOLES

Composant le Cabinet de Feu M. AUBERT DE TRUCY

PAR

HORSIN DÉON

PEINTRE, RESTAURATEUR HONORAIRE DES TABLEAUX DES MUSÉES IMPÉRIAUX
MEMBRE DE PLUSIEURS SOCIÉTÉS ARTISTIQUES ET SAVANTES

Rue Chabanais, n° 1

DONT LA VENTE AUX ENCHÈRES PUBLIQUES AURA LIEU

HOTEL DES COMMISSAIRES-PRISEURS

Rue Drouot, n° 5

SALLE N° 1

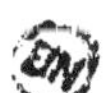

Le Mercredi 30 Avril 1862

A 1 HEURE TRÈS-PRÉCISE

Par le ministère de Me **PILLET**, Commissaire-Priseur,
rue de Choiseul, 11.

EXPOSITION PUBLIQUE

Le Mardi 29 Avril 1862, de une heure à cinq heures.

PARIS

RENOU & MAULDE

IMPRIMEURS DE LA COMPAGNIE DES COMMISSAIRES-PRISEURS
rue de Rivoli, 144

1862

CONDITIONS DE LA VENTE

Elle sera faite au comptant.

Les Acquéreurs paieront en sus des adjudications, CINQ pour CENT, applicables aux frais.

M. De Trucy était un Amateur sincère constamment entouré d'œuvres d'art. Il crut un jour pouvoir s'en séparer, se réservant, toutefois, quelques Tableaux d'affection. Deux ventes qui eurent un retentissement dans le monde artiste, furent faites de son joli Cabinet en 1845 et 1846. Mais n'ayant rencontré dans cette séparation qu'isolement et ennui, il recomposa une nouvelle Collection avec une ardeur toute juvénile.

Ce sont donc les quelques Tableaux conservés avec tant d'amour par M. De Trucy, ainsi que sa nouvelle Collection que nous livrons aux aux enchères, c'est dire que l'Amateur le plus délicat comme le plus petit marchand rencontreront dans notre Vente des Ouvrages dignes d'orner les Cabinets des uns, d'y tenir même un rang honorable, et d'offrir aux autres une foule de petits Tableaux de bon goût, que la spéculation recueille toujours avec empressement.

DÉSIGNATION

DES

TABLEAUX

Écoles Allemande, Flamande & Hollandaise.

ABSTHOVEN (Théodore).

1 — Le Château de Teniers.

ASSELYN (Jean).

2 — Paysage, site d'Italie.

Au bord d'une rivière sur laquelle se voit un pont ruiné, un groupe de voyageurs est arrêté.

· Bon tableau du maître.

BACKUYSEN (Ludolf).

3 — Avant la tempête.

Un nuage sombre s'élève à l'horizon, il va bientôt envahir tout le ciel; les eaux commencent à se soulever et les flots écumants viennent déjà se briser contre les digues : la tempête est prochaine. Un lougre hollandais et quelques barques se hâtent de gagner le port, tandis qu'au contraire, au second plan, un vaisseau manœuvre pour prendre le large.

BACKUYSEN (Ludolf).

4 — Après la tempête.

Les nuages fuient à l'horizon, la mer n'offre plus qu'une légère agitation, et déjà des barques ainsi qu'un vaisseau de guerre hollandais en sillonnent la surface. Sur la plage, une femme donne des ordres à deux marins assis à terre.

Ces deux jolis tableaux, qui proviennent de la galerie de Cassel, ont été payés, il y a vingt ans par M. de Trucy, 6,000 fr. en vente publique, rue des Jeûneurs. Tous les amateurs peuvent se le rappeler, car ces deux bons et excellents ouvrages à tous les titres, ont eu, en vente, un légitime succès.

BERCKHEYDEN (Guérard).

5 — Vue de la Place du Dam, à Amsterdam.

BLOEMEN (Pierre Van).

6 — Le Passage du gué.

BRACKEMBURG (Regnier).

7 — Hommes et femmes attablés.

BRAUWER.

8 — Intérieur de cabaret.

Assis au premier plan, sont deux fumeurs; l'un, en manches de chemise, bourre sa pipe, l'autre lance en l'air une bouffée de fumée. Au fond, autour d'une cheminée, des buveurs et fumeurs sont réunis, et çà et là se voient d'autres gens se livrant au même passe-temps.

CARRÉ (Henri).

9 — Vaches et moutons.

CRANACK (Lucas).

10 — La Nymphe de la fontaine.

Près d'une fontaine, elle est étendue et endormie sur l'herbe, la tête appuyée sur son bras droit et sur une draperie roulée. A un arbre, sont suspendus son carquois et ses flèches. Deux perdrix becquettent à ses pieds. — Sur un cartouche, on lit : « *Fontis nympha sacræ somnum ne rumpe quiesco.* »

DUBBELS (Louis).

11 — Mer calme.

DUSSART (Genre de Corneille).

12 — Femme et enfant.

GRAAT (Bernard).

13 — Homme et femme attablés.

GRAFF (Signé).

14 — Le Manége.

HONT (de).

15 — Attaque d'un pont.

KOBEL.

16 — Des vaches et un mouton.

LE DUCQ (Jean).

17 — Le Duo.

Debout près d'une table sur laquelle sont servis des rafraîchissements, un jeune seigneur, dans un costume élégant, accompagne de la guitare une dame qui joue du chalumeau. Près d'eux un troisième personnage les écoute en bourrant sa pipe.

MABUSE (JEAN DE).

18 — La Vierge et l'Enfant.

19 — Portrait d'une religieuse.

Nous appelons l'attention de Messieurs les amateurs sur ce charmant portrait aussi curieux par sa fine exécution que par son attrait archéologique.

MIERIS (FRANÇOIS).

20 — L'Oiseau envolé.

Assise devant une table, près d'une fenêtre cintrée et ornée de draperies, se voit une jeune femme qui vient de laisser envoler l'oiseau qu'elle retenait captif dans un panier.

Ce précieux tableau, d'une jolie couleur, d'une grande finesse d'exécution, provient de la collection du prince Eugène.

MIERIS (GUILLAUME).

21 — Mars et Vénus.

Vénus est mollement couchée sur un lit de repos; près d'elle est son amant qu'elle cherche à retenir. Au pied du lit, l'Amour, indifférent, se cache dans les plis du manteau de la déesse.

MONI (LOUIS DE).

22 — Le petit Chien.

Monté sur une table de pierre, il est agacé par une jeune fille ainsi que par un petit garçon qui se réjouit fort de ses drôleries.

C'est encore là un bon tableau du maître.

MOOR (CARLE DE).

23 — Saint Michel terrassant le démon.

NEER (VAN DER).

24 — Clair de lune.

NESTCHER (Constantin).

25 — Portrait de femme.

OS (Van).

26 — Vase de fleurs.

Il se compose de roses jaunes, roses et blanches, de pivoines, de myosotis et de narcises déposés dans un vase de terre placé sur une table de pierre.

OSTADE (Adrien Van).

27 — Le Liseur de gazette.

OSTADE (d'après).

28 — Intérieur flamand.

4

RAVESTEIN.

29 — Portrait de femme avec fraise.

ROOS (Théodore).

30 — Vaches et moutons.

RUYSDAEL (Salomon).

31 — Paysage.

32 — Paysage. Marine.

SANDRART (Joachim).

33 — Bacchanale.

STEEN (Jean).

34 — La Promenade du bœuf gras.

Les curieux sont assemblés devant les maisons; les enfants se livrent à la gaîté de leur âge à l'approche du bœuf gras dont le cortége passe sur un pont rustique.

Steen n'a point failli à son caractère plaisant, il a donné à cette scène de carnaval tout le mouvement et la gaîté dont il était susceptible.

SVANVELT (Herman d'Italie).

35 — Soleil levant.

36 — Soleil couchant.

SLINGELAND (Attribué à).

37 — Ouvrier affûtant sa scie.

Il est assis au milieu de son atelier, de nombreux accessoires finement touchés, l'environnent. L'effet de ce joli tableau, sa couleur transparente et vraie, le soin apporté à sa précieuse exécution, le recommandent spécialement.

SOOLEMAKER.

38 — Paysage. Vaches et moutons au pâturage.

TENIERS (David, le fils).

39 — Portrait de la fille de Teniers.

Elle est représentée jouant du tambour de basque, en costume de bergère élégante. Elle porte un riche collier de perles et, sur la tête, une toque ornée de plumes. Au fond du tableau, on aperçoit un pâtre qui garde son troupeau; et dans les arbres, les pignons du château paternel.

TÉNIERS (David, le fils).

40 — Portrait du fils de Teniers.

Il porte aussi le costume de berger, sa tête est couronnée de lierre, une houlette est appuyée sur son épaule, et il tient dans les mains un chalumeau dont les sons qu'il vient de tirer, semblent exciter sa gaîté. Au fond, un berger, et dans les arbres, un clocher.

Ces deux portraits offrent un double intérêt comme art et comme sujets.

TENIERS (d'ap.).

41 — Intérieur de cabaret. (Bonne copie.)

51 —

TENIERS (Abraham).

42 — Intérieur de cuisine.

Une femme qui fait des crêpes, deux enfants qui en mangent, un homme debout qui lui adresse la parole, composent ce tableau.

TERBURG (Gérard).

43 — Le Départ pour la promueade.

Dans l'intérieur d'une chambre à coucher, une jeune dame vêtue de satin blanc, vient de quitter une table sur laquelle sont posés une boite, un livre et un miroir. Mais avant de sortir, elle invite son petit chien à la suivre. Au fond, une servante qui ferme les rideaux, regarde partir sa maîtresse.

Ce gracieux tableau est d'une grande vérité et d'un excellent ton de couleur.

44 — Jeune femme jouant de la mandoline.

Une dame vêtue de satin blanc et d'une basquine de satin bleu garnie de fourrure, lit attentivement, en jouant de la mandoline, un livre de musique posé sur une table couverte d'un tapis.

Ce joli tableau se recommande aussi par la beauté des détails et le brillant des étoffes.

TOL (Van).

45 — La Fileuse.

Assise devant son rouet, un petit chien sur les genoux, une jeune femme est occupée à filer.

VELDE (Isaïe Van de).

46 — Marine.

VERWILT (François).

47 — Paysage avec ruines et figures bibliques.

WOUWERMANS (Philippe).

48 — Les Travaux champêtres.

Ce tableau, gravé sous ce titre par Lempereur, représente un paysage montagneux où l'on voit venir, dans un chemin creux, précédé de deux chiens, un cavalier regardant, en passant, un paysan qui fait abreuver son cheval dans un courant d'eau. Au second plan, sur un monticule bordant la route, sont une chaumière et des paysans qui causent; au troisième plan, se voient, dans un champ de blé, des moissonneurs; enfin, sur l'avant-scène, des baigneurs, et à l'horizon, des montagnes.

WOUWERMANS (Pierre).

49 — Chevaux à l'abreuvoir.

50 — La Moisson.

INCONNU.

51 — Sainte Famille.

École Française.

BOUCHER (Attribué à).

52 — La Leçon de musique. Pastorale.

53 — Femme au bain.

CHARPENTIER.

54 — Une Cuisinière.

55 — Petite Fille tenant un bouquet.

CLOUET (D'après).

56 — Portrait de Marie Touchet.

57 — Portrait de la reine Claude.

DUMOUSTIER.

58 — Portrait de Femme.

GILLOT.

59 — Arlequinade.

GREUZE (JEAN-BAPTISTE).

60 — Portrait d'une Musicienne.

Elle est assise, la tête appuyée sur sa main droite, et de la gauche, elle tient un cahier de musique. Son expression est celle de la méditation. Elle est vue presque de face, et sa robe et son écharpe de soie laissent à découvert son sein et ses épaules.

On a cru reconnaître dans ce portrait, celui de Mlle Ledoux. Quoiqu'il en soit, il serait difficile de rendre avec plus de vérité le sentiment répandu sur cette agréable figure.

HUET.

61 — Le Saule messager.

Une jeune et jolie paysanne dépose, dans le creux d'un saule, un petit billet dont l'adresse est facile à deviner.

62 — Le Rendez-Vous.

Un jeune garçon, assis au pied d'un arbre, l'oreille au gué, apporte sans doute la réponse du billet.

Pendant du précédent.

JEAURAT.

63 — Tableau de Salle à manger.

Sur une table, une bouteille, un verre, des concombres, un panier de prunes près duquel l'une d'elles est ouverte.

JOLLIN.

64 — Vierge en prières.

LADEY (Jean-Marc).

65 — Vase de fleurs.

Il est posé sur une table de pierre sur laquelle sont aussi des groseilles, des raisins, des pêches et un nid d'oiseau.

LANCRET (Nicolas).

66 — Divertissement champêtre.

Réunis dans un parc, une foule de jolies femmes, de jeunes seigneurs dans les costumes les plus galants, devisent amoureusement en regardant danser une charmante femme et un élégant cavalier accompagnés par un guitariste appuyé contre le piedestal d'une statue.

LANCRET (Nicolas).

67 — Le Guitariste.

Dans un parc, appuyé contre le piedestal d'une statue, un jeune homme coiffé d'une toque et drapé dans un manteau rouge, pince de la guitare. Près de lui, assises sur un banc, sont deux jolies femmes, l'une l'écoute, l'autre est distraite de ses accords par les propos galants d'un gentil seigneur.

Ces deux gracieuses compositions se recommandent encore par l'air de bonne compagnie qui y règne, l'élégance et l'animation de tous les personnages enfin par une couleur flatteuse, par une manière de peindre agréable et fine.

LEMAIRE (François).

68 — Portrait d'un prince de la maison de Bourbon.

MIGNARD.

69 — Portrait de la princesse de La Suze.

PEPIN (Signé A.).

70 — Paysage. Marine.

PERDRIX.

71 — Tableau de salle à manger.

Un singe, un perroquet jouent avec des fruits.

PRUD'HON (Attribué à).

72 — Le Génie des Arts enlevé par Minerve.

73 — Tête de Femme.

RAOUX.

74 — Jeune Femme s'abritant de son éventail.

RIGAUD.

75 — Portrait présumé de Le Nôtre.

Ce beau portrait se recommande par une couleur agréable et une belle exécution.

ROLLIN

76 — Portrait de Femme.

TOURNIÈRE.

77 — Portrait de Femme.

VIGNON.

78 — Portrait de Femme.

Écoles Italienne & Espagnole.

AMOROSI.

79 — Enfant tenant des fruits.

BATONI.

80 — Jeune Mère allaitant son enfant.

CHIARI.

81 — La Vierge et l'Enfant.

GATTI (B.).

82 — La Chaste Suzanne.

83 — Jupiter et Io.

MARIESCHI.

84 — Vue du Capitole.

MASUCCI.

85 — Saint Joseph et l'Enfant Jésus.

MURILLO (Esteban).

86 — Vision de saint Claire.

Les mains croisées sur la poitrine, la tête humblement penchée, la sainte est agenouillée sur un nuage devant le Christ qui change la couronne d'épines qui ceignait son front virginal pour une couronne d'or qu'un ange lui présente.

PARMESAN.

87 — Sainte Catherine.

PEREDA (Antoine de).

88 — Portrait équestre.

Ce personnage porte une armure et tient à la main le bâton de commandement.

PRIMATICE (École du).

89 — Dames de la cour de Henri II, peintes en Junon, Vénus et Minerve.

SASSOFERRATO.

90 — Tête de Vierge.

SASSOFERRATO (Attribué à).

91 — Vierge en prières.

TIARINI (ALEXANDRE).

92 — Mariage de sainte Catherine.

Un ange présente sainte Catherine agenouillée, les mains croisées sur la poitrine, à l'Enfant Jésus qui, assis sur les genoux de la Vierge, se penche pour lui offrir l'anneau des fiançailles. Un peu en arrière, un autre ange, les mains jointes, suit avec émotion cette scène mystérieuse.

La douceur du pinceau, la suavité de la couleur, le beau sentiment du dessin qui distinguent ce ravissant petit tableau, y ajoutent un charme inexprimable.

(Vente du cardinal FESCH.)

TABLEAUX

par et d'après les maîtres suivants :

93 — BERGHEM. Paysage.

94 — GREUZE. Le Père aveugle.

95 — LANCRET. Scène pastorale.

96 — BERGHEM. Paysage avec marche d'animaux.

97 — WYNANTS (Imitation de). Paysage.

98 — CANALETTI. Vue de Venise.

99 — WATTEAU. La Promenade.

100 — DIETRICK. Baigneuses.

101 — WYNANTS. Paysage. (Bonne imitation).

102 — WATTEAU. La Comédie italienne.

103 — VERNET (Horace). Portrait de Napoléon Ier.

104 — LANCRET. La Sculpture.

105 — Van de Velde. Mer calme.

106 — Terburg. La Partie de cartes.

107 — Hobbema. Paysage.

108 — Zorg. Le Galant officier.

109 — Lantara. Effet de lune.

110 — Van der Heyden. Paysage : les abords d'une ville.

111 — Raphael (d'après). Tête de Vierge.

112 — Moucheron. Intérieur de parc.

113 — Terburg. Portrait de femme.

114 — Van de Velde. Le Gué.

115 — Van der Werf. La Madeleine.

116 — Ochterveld. Le Duo.

117 — Dussart (C.). Le Marchand de lunettes.

118 — Everdinger. Chûte d'eau.

119 — Mieris. Femme endormie.

120 — Eisen. Enfants déguisant un chien.

121 — Berghem. Port de mer.

122 — Watteau. Femme dans un parc.

123 — Metzu. La Consultation.

124 — Fragonard Le Rêve.

125 — Pater. Fête galante.

126 — Watteau. Récréation champêtre.

127 — Petite Paysanne se reposant.

128 — Potter (P.). Un Taureau et des Moutons.

129 — Hobbema. Paysage.

130 — Gonzalès Coques. Le Duo.

131 — Van der Heyden. Vue d'une ville de Hollande.

132 — Enfant tenant son chat.

133 — Départ d'Adonis. Parodie du tableau de Van Dyck.

134 — Portrait de femme.

135 — dito dito

136 — Paysanne.

137 — Femme à sa toilette.

138 — Quentin Metsys. Sainte Famille.

139 — Adam et Ève.

140 — Agar présentée à Abraham.

141 — Intérieur d'église.

142 — Le Sommeil de Danaé.

143 — Madeleine.

144 — Christ donnant la bénédiction.

MINIATURES & CURIOSITÉS

145 — Boucher (d'après). Peinture sur porcelaine. Nymphes surprises par des satyres.

146 — Femme caressant une colombe. (Miniature.)

147 — Portrait de Mme Bertin, femme du ministre de Louis XVI. (Miniature.)

148 — Joseph et Putiphar. Miniature sur vélin, par Klingstet.

149 — Miniature d'après les flamands, par le même.

150 — Mise au tombeau. Miniature italienne sur vélin, d'après Le Guerchin.

151 — Pastorale Louis XV. (Gouache.)

152 — Femme du temps de Louis XIV. (Émail.)

153 — Madame de Pompadour. (Émail.)

154 — Buste en bronze de la princesse Élisa.

155 — Huit pièces diverses de porcelaine à la reine.

156 — Deux magots en pierre de larre.

157 — Bronze florentin. Vénus.

158 — Terre cuite. Bacchante.

159 — Biscuits d'après Falconnet. Deux figures de femmes faisant pendants.

160 — Coupe, bronze et porcelaine. Imitation de Sèvres.

161 — Vase à goulot. Porcelaine de Chine avec pied en bois.

162 — Potiche faïence montée en bronze.

163 — Soupière avec son couvercle et son plateau. Porcelaine du Japon.

164 — Bol du Japon avec pied en bois.

165 — Chenêts Louis XVI.

166 — Deux petits Vases de Chine montés en bronze.

167 — Croix d'ivoire sculpté.

168 — Deux médaillons d'ivoire. Sujets religieux.

169 — Presse-papier avec figure d'Enfant Jésus. (Bronze.)

170 — Calice en verre gravé.

171 — Glace, genre de Venise avec cadre italien sculpté.

LIVRES

172 — Armorial historique de la noblesse de France, par Henri de Melleville. 1 vol.

173 — Étude sur les beaux-arts, par M. Vittet. 2 vol.

174 — Les Catalogues des Musées du Louvre, par Fréd. Willot. 3 vol.

175 — Les Musées, par L. Viardot. 5 vol.

176 — Vatelet Encyclopédie méthodique. 2 vol.

177 — Histoire des plus célèbres amateurs français, par J. Dumesnil. 5 vol.

178 — L'Académie royale de peinture et de sculpture, par Vittet. 1 vol.

179 — Histoire de la peinture flamande, hollandaise, par Arsène Houssaye.

180 — Fables de Lafontaine, illustrées par Bouchot.

181 — Dictionnaire des beaux-arts, par Lacombe. 2 vol

182 — Les Trésors de l'art à Manchester. 1 vol.

183 — Dictionnaire des artistes, par l'abbé de Fontenay. 2 vol

184 — Les Peintres célèbres, par Valentin. 1 vol.

185 — Vie des artistes anciens et modernes, par Emeric David.

186 — Notices historiques sur les chefs-d'œuvre de la peinture moderne, par Émeric David. 1 vol.

187 — Physiologie du goût, par Briat Savarin. 1 vol.

188 — Curiosités de l'Histoire des arts, par le bibliophile Jacob.

189 — De la conservation et de la restauration des tableaux, par Horsin Déon. 1 vol.

190 — Annuaire des artistes. (1re année.) Paul Lacroix.

191 — Histoire de l'art français au XVIIIe siècle, par Arsène Houssaye.

192 — Vie complète des peintres espagnols, par Huard.

193 — Histoire de la peinture italienne, par le même.

194 — Sous ce numéro seront vendus beaucoup d'autres livres d'art et de littérature ainsi que les objets omis.

AVIS

La vacation étant très-chargée, la Vente commencera à une heure très-précise.

Renou e Maulde, imprimeurs de la Compagnie des Commissaires Priseurs, rue de Rivoli, 144. 11857

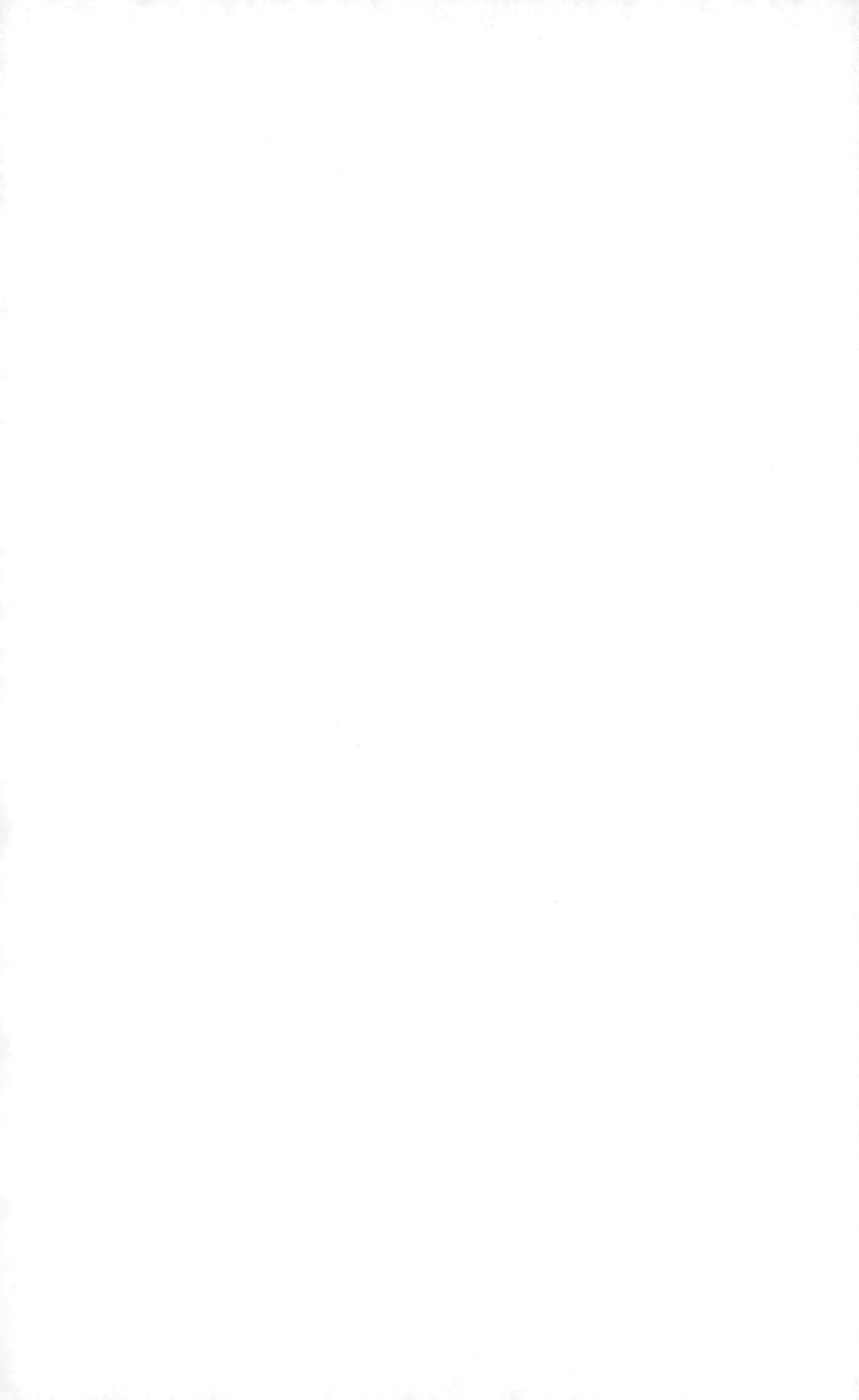

www.ingramcontent.com/pod-product-compliance
Lightning Source LLC
LaVergne TN
LVHW010258230826
846091LV00007B/3033

9782329511009